les farfeluches
CHOISISSENT UN MÉTIER
EN 255 MOTS

conception et texte d'Alain Grée
illustration de Luis Camps

CADET-RAMA • CASTERMAN

© Casterman 1977. –
H

biscuits

papillotes

chewing-gums

ficelle

chocolat

bonbons

massepain

cake

caisse enregistreuse

esquimaux

éclairs

melba et prosper : pâtissiers

C'est plus fort que lui : Prosper ne peut passer devant une pâtisserie sans avoir une envie folle d'entrer. « Juste pour regarder », assure ce gourmand. Mais nous qui le connaissons bien, nous savons qu'il ne manquera pas l'occasion de prendre quelques kilos supplémentaires...

barquettes

tartelette

4

pièce montée

toque de pâtissier

paquet

sucres d'orge

dragées

caramels

bougies

charlotte

sucettes

bûche

gâteau
d'anniversaire

tarte

gieuse

bonbons à
la menthe

babas
au rhum

croissant

millefeuilles

5

commandant
de bord

casimir : pilote de ligne

Casimir a toujours rêvé d'être pilote de ligne.
Aujourd'hui, son oncle l'a conduit à l'aéro-
port. Du haut de la tour de contrôle, il do-
mine toutes les pistes. « Les passagers pour
Honolulu, départ immédiat. »

piste

haut-parleur

agent de piste

avion de chasse

poste de
pilotage

porteur

phare

avion de tourisme

tour de
contrôle

hélicoptère

terrasse
de l'aérogare

chariots
porte-conteneurs

6

hangar

antenne

voiture de pompiers

camion-citerne

aile

groupe
électrogène

avion de ligne

passerelle

réacteur

compresseur

bagages

hôtesse
de l'air

passagers

camionnette

car de service

7

agathe : vétérinaire

Dans la salle de soins d'Agathe, les malades sont nombreux ce matin. Les uns ont de la fièvre, d'autres un rhume, d'autres encore se sont blessés en jouant. Un cachet, quelques compresses, deux ou trois vaccins, et tout ce petit monde ira mieux demain !

vache

âne

biberon

chèvre

éther

coton

compresses

alcool

pilules

ciseaux

seringue

bélier

stéthoscope

hérisson

sparadrap

oie

souris blanches

8

canari

singe

tourterelle

nnec

hamster

toucan

lion

lapin en peluche

poule

chien

chat

corbeille

poisson
rouge

canard

9

ingénieur du son

réalisateur

cameraman

assistante

régie

avertisseur lumineux

ENCE

filtre de projecteur

cameraman

caméra de télévision

objectif

pied de caméra

projecteur sur pied

2

lampe d'éclairage

manivelle

siège

placide : chanteur
dimitri : musicien

« Silence sur le plateau, nous avons l'antenne dans dix secondes. Caméra 2, attention, c'est à vous ! » Pour son tour de chant, Placide a façonné une couronne en cire. Hélas, sous la chaleur des projecteurs, la cire lentement se met à fondre sur sa tête... Tiendra-t-elle jusqu'à la fin de l'émission ?

junior : moniteur sportif

Qu'il s'agisse de ski, de cyclisme, de football ou de ping-pong, notre grand sportif connaît chaque article dans ses moindres détails. Mais attention, Junior : il faut avoir les mains nues pour nouer ses lacets. Et surtout ne pas porter des gants de boxe !

fanion

patin à roulettes

skis

jeu de croquet

casque

sac à dos

ballon de rugby

raquette de ping-pong

luge

poids

boules de pétanque

ballon de football

cacatoès

girafe

sac de voyage

babouin

matelas pneumatique

tigre

valise

carte

chacal

jeep

bidon

lièvre

bobine de film

14

boîte à pharmacie

échelle

fanion

tente

seau

zèbre

chimpanzés

cartes
à jouer

lion

caméra

gobelet

lionne

assiette

vautour

table de camping

pied

malle

fauteuil

appareil
de photo

pélican

patrice : explorateur

« Voilà un coin bien tranquille pour installer
le campement », pense Patrice en arrêtant sa
voiture. Tout paraît si calme... Pourtant, lors-
que l'on explore une région sauvage, il faut
s'attendre à quelques visites au réveil...

pellicule

15

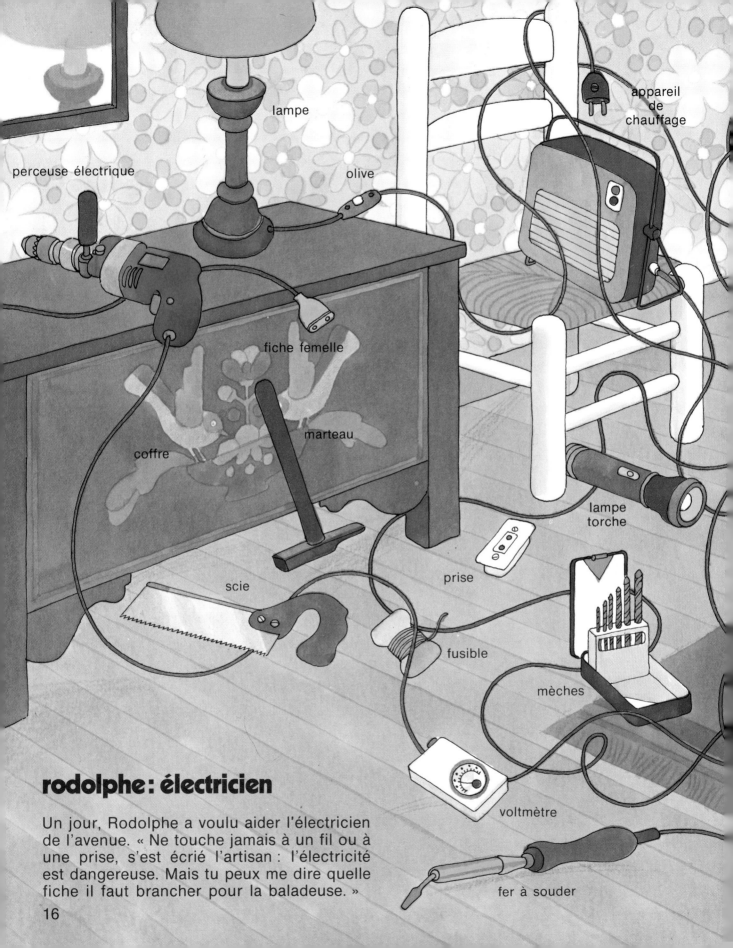

lampe

appareil
de
chauffage

perceuse électrique

olive

fiche femelle

marteau

coffre

scie

lampe
torche

prise

fusible

mèches

voltmètre

rodolphe : électricien

Un jour, Rodolphe a voulu aider l'électricien
de l'avenue. « Ne touche jamais à un fil ou à
une prise, s'est écrié l'artisan : l'électricité
est dangereuse. Mais tu peux me dire quelle
fiche il faut brancher pour la baladeuse. »

fer à souder

16

baguette électrique

ampoule

niveau

fiche mâle

prise d'antenne

fil électrique

baladeuse

transformateur

dominos

douilles

interrupteur

tube fluorescent

ficateur

tournevis

vis

pince

ruban adhésif

clous

pied de lampe

17

bosco : navigateur

Il en faut du matériel pour naviguer à la voile! Jamais Bosco ne sera prêt à temps. A propos, savez-vous quelle heure il est : midi, neuf heures ou dix heures et quart?

bottes

émetteur-récepteur

carte

bathographe

bouée

règle de navigation

jumelles

cordage

manille

sextant

lampe torche

poulie

voilier

pagaie

bouteilles
de plongée

tube
respiratoire

mouette

masque

bonnet

barque

pavillon

grappin

sac de marin

chronomètre
de marine

compas

chaîne

fusil
sous-marin

lampe-tempête

19

cuisinier

infirmière

marin

moniteur sportif

maçon

musicien

agriculteur

secrétaire

le grand jeu des métiers

Voici huit personnages : un cuisinier, une infirmière, un marin, un moniteur sportif, un agriculteur, un musicien, une secrétaire et un maçon. Chacun d'eux, pour exercer sa profession, dispose de certains objets bien définis. Ainsi, la secrétaire tapera le courrier sur la machine à écrire, mais que pourrait-elle faire d'un tracteur ou d'une trompette ? Si vous êtes observateur, vous devriez pouvoir découvrir à qui appartient l'objet représenté dans chaque case de ce jeu. Les Farfeluches ont réussi à tout trouver. Essayez d'en faire autant... Sinon, donnez votre langue au chat à la page 23. Bonne chance et à bientôt !

1 MACHINE À ÉCRIRE

ANCRE

7 RAQUETTE

GÂTEAU

13 MÉDICAMENTS

ENGRAIS

19 COMPAS

BALLON

TROMPETTE

MARMITE

PARTITION

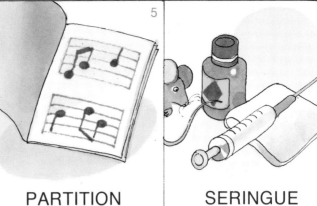

SERINGUE

TRUELLE

SEXTANT

TRACTEUR

BLOC-STÉNO

VIOLON

FIL À PLOMB

JAMBON

FAUCILLE

ERMOMÈTRE

BRIQUES

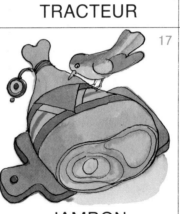

JUMELLES

GANTS DE BOXE

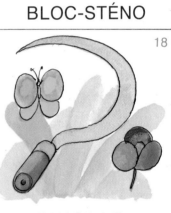
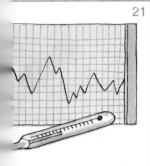

Imprimé en Belgique par Casterman, s.a., Tournai. — D. 1978/0053